Cendrine ARMANI

PLASTIQUE DINGUE

60 MODÈLES ORIGINAUX

Éditions Didier CARPENTIER

Matériel et Fournitures

1 - des feuilles de plastique dingue
Elles sont généralement vendues en pochettes de plusieurs feuilles. Leur format est de 264 x 205 mm. Elles existent en transparent et en blanc (opaque). Chaque feuille de plastique présente une face lisse (brillante) et une face poncée (mate).

2 - des crayons de couleurs
Choisissez une gamme de base (24 couleurs). Ils sont vendus en pochette ou en boîte métallique.

3 - un taille-crayon

4 - des feutres permanents à pointe moyenne
Les couleurs utilisées sont indiquées avec chaque modèle.

5 - un pistolet à colle thermofusible et des bâtonnets

6 - des emporte-pièces (grands modèles)
Ils sont utilisés pour confectionner certains éléments de petites tailles difficiles à découper précisément avec une paire de ciseaux.

7 - une perforatrice
Utilisez un modèle simple d'écolier.

8 - une bonne paire de ciseaux à bouts pointus

9 - une paire de ciseaux cranteurs

10 - des attaches pour porte-clefs avec anneau *(or, argent)*

11 - des supports adhésifs pour broches

12 - des anneaux en métal de Ø 6 mm *(or, argent)*

13 - des fermoirs en métal *(or, argent)*

14 - des chouchous de différentes couleurs

15 - du raphia naturel

16 - des petits morceaux de tissus imprimés

17 - des bandes magnétiques adhésives à découper (pour créer des aimants)

18 - une paire de gants de cuisine

19 - du papier d'aluminium

20 - une spatule en bois

21 - un cylindre en carton (support de papier essuie-tout)
Il vous servira pour former les ronds de serviette.

22 - une pince à bouts pointus

23 - une pince à bouts plats

24 - de la colle pailletée
Elle s'applique sur certains modèles après la cuisson.

Il vous faudra également :

- un four ménager
- des feuilles de papier blanc
- un gros livre pour servir de presse

1

1

Attention

L'utilisation du four ménager est à réserver aux adultes. L'emploi de gants de cuisine est recommandé.

6
2
marron foncé
marron
marron clair
rose
beige
blanc
gris
noir
marine
violet
violine
fuchsia
rouge
vermillon
orange
jaune vif
jaune pâle
vert vif
vert sapin
vert olive
turquoise
bleu clair
bleu foncé
vert foncé
20
12
13
7
14
24
3
5
9
22
8
23

Le Report du Motif et la Mise en Couleurs

1 - Placez une feuille de plastique transparent, sur le motif choisi dans cet ouvrage.

2 - Si vous utilisez des feutres permanents, dessinez le motif sur la face lisse (brillante) de la feuille de plastique.

3 - Si vous utilisez des crayons de couleurs, dessinez le motif sur la face poncée (mate) de la feuille de plastique.

4 - Remplissez ensuite l'intérieur des motifs, sur la face poncée (mate), avec les crayons dont les couleurs sont indiquées pour chaque modèle.

La Découpe

1 - Découpez minutieusement la forme avec une paire de ciseaux, en suivant son contour.

2 - Faites les trous indiqués sur chaque motif, avec la perforatrice.

3 - Les éléments de petites tailles sont découpés avec un emporte-pièce. Procédez ensuite à leur mise en couleurs, puis à la cuisson.

La Cuisson

- Préchauffez le four à 150° (thermostat 4/5).

1 - Placez une feuille de papier d'aluminium sur la plaque du four et disposez chaque élément découpé sur celle-ci - face poncée (mate) sur le papier d'aluminium -.

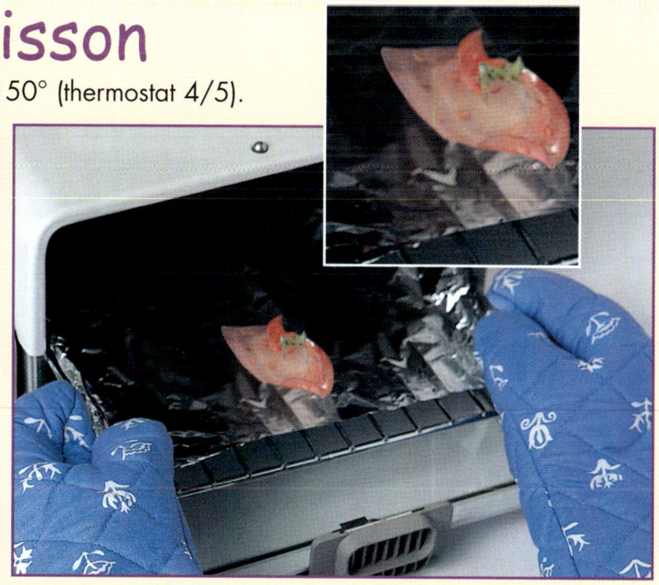

2 - Refermez la porte du four et laissez cuire, en surveillant, pendant 2 minutes environ. Pendant la cuisson, le plastique se recroqueville et prend des formes étranges.

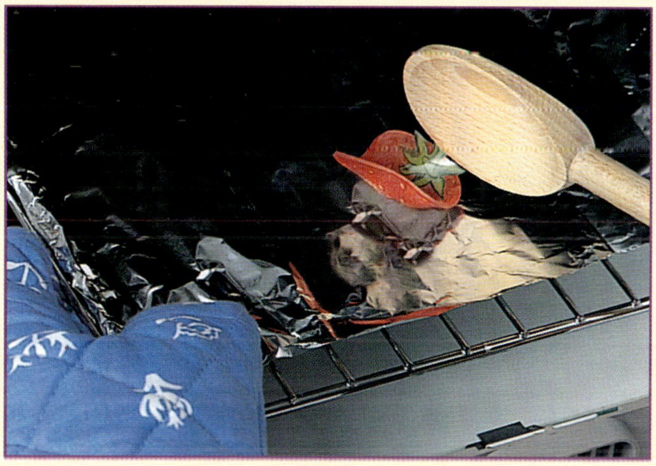

3 - Si vous constatez, pendant la cuisson, que le plastique se replie sur lui-même, aplatissez-le légèrement avec une spatule en bois, afin que les parties ne se collent entre-elles.

4 - En fin de cuisson, le plastique totalement rétracté, se remettra de lui-même à plat. Le modèle se réduira d'environ deux fois et demi et deviendra plus épais.

Le Montage des Anneaux

Attention

- Les motifs aux crayons de couleurs sont reproduits à l'envers dans ce livre. Vous devez les reporter sur la feuille de plastique tels qu'ils se présentent sur la face poncée de la feuille.
- En cuisant la couleur va s'intensifier du fait de la rétraction.

Ce montage se fait après la cuisson.
- Ouvrez chaque anneau à l'aide de la pince à bouts pointus.
- Enfilez les éléments, puis refermez l'anneau à l'aide de la pince à bouts plats.

La Mise en Forme des Objets Plats

- À la sortie du four, posez l'objet entre deux feuilles de papier blanc.

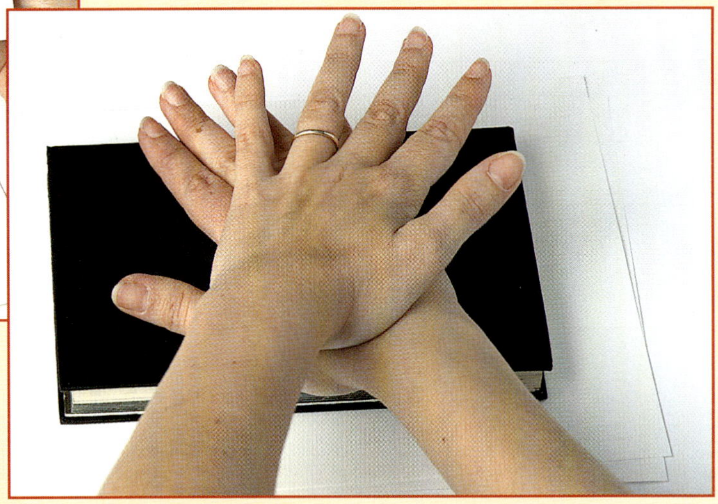

- Posez un gros livre dessus pour servir de presse. Laissez ainsi refroidir quelques minutes.

La Mise en Forme des Objets en Volume

- À la sortie du four, appliquez l'objet autour d'un cylindre en carton. Maintenez-le quelques instants, il prendra sa forme définitive.

- Certains objets doivent être sortis du four avant la fin du temps de cuisson indiqué, afin qu'ils gardent une forme particulière.

Les Petits Magnets

Les Fruits

La Fraise

Modèle
à taille réelle

Fournitures Générales

- des feuilles de plastique transparent
- des crayons de couleurs
- une paire de ciseaux
- une bande magnétique adhésive à découper

Réalisation

- Reportez-vous à la technique en images en pages 6 et 7.
- Reportez le motif de votre choix.
- Ici tous les fruits sont coloriés aux crayons de couleurs sur la face poncée de la feuille de plastique transparent.
- Procédez à la cuisson.
- Découpez des petits morceaux dans la bande magnétique adhésive et collez-les au dos de chaque modèle (sur la face poncée).

Couleurs Utilisées

blanc
rose
vermillon
rouge
jaune pâle
vert vif
vert olive

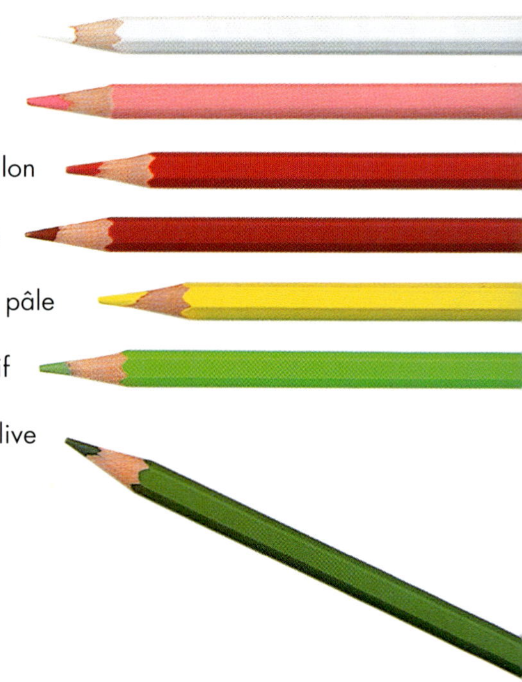

Les Fruits

Couleurs Utilisées

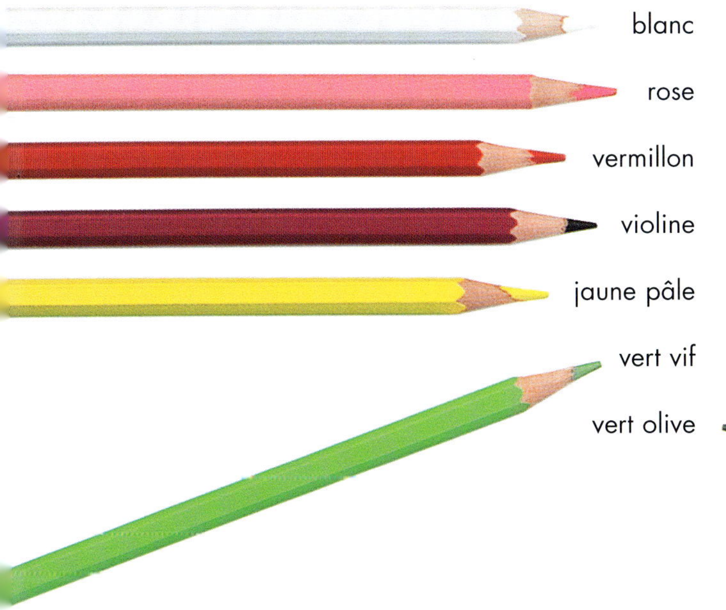

Les Trois Cerises

Modèle
à taille réelle

Les Légumes

Fournitures Générales

- des feuilles de plastique transparent
- des crayons de couleurs
- une paire de ciseaux
- une bande magnétique adhésive à découper

Réalisation

- Reportez-vous à la technique en images en pages 6 et 7.
- Reportez le motif de votre choix.
- Ici tous les légumes sont coloriés aux crayons de couleurs sur la face poncée de la feuille de plastique transparent.
- Procédez à la cuisson.
- Découpez des petits morceaux dans la bande magnétique adhésive et collez-les au dos de chaque modèle (sur la face poncée).

Modèle à taille réelle

Le Radis

Couleurs Utilisées

blanc
vermillon
rouge
vert vif
vert olive
vert foncé
marron clair
marron

Les Légumes

Modèle
à taille réelle

La Carotte

Couleurs Utilisées

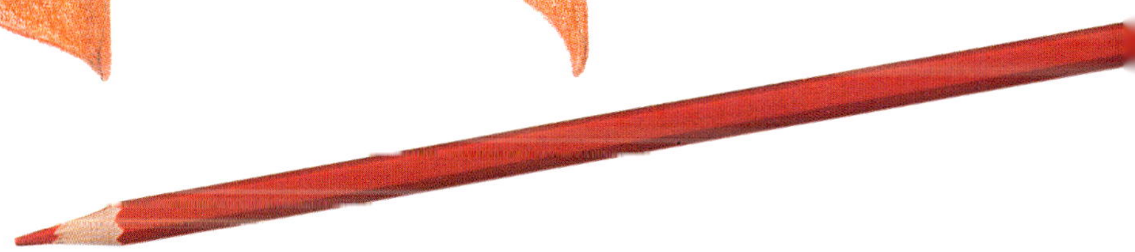

vermillon

jaune pâle

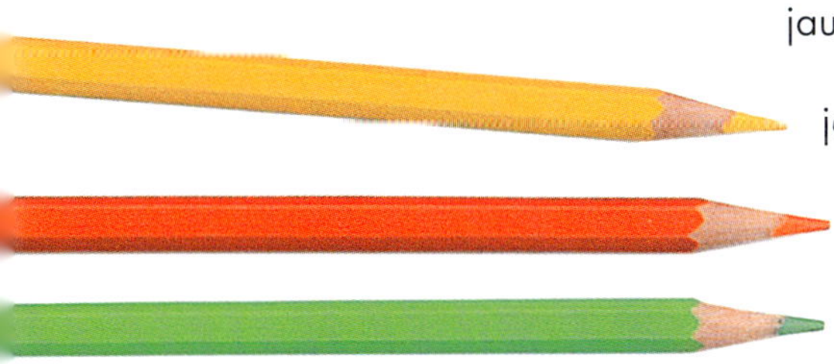

jaune vif

orange

vert vif

vert olive

Les Légumes

Modèle à taille réelle

Le Chou-Fleur

Couleurs Utilisées

- blanc
- jaune pâle
- vert vif
- vert olive
- marron clair
- marron foncé

Les Légumes

Modèle à taille réelle

L'Aubergine

Couleurs Utilisées

blanc

jaune pâle

vert vif

vert olive

violet

rose

Les Petits Pots de Confiture

Fournitures Générales

- des feuilles de plastique transparent
- des feuilles de plastique blanches (opaques)
- des crayons de couleurs
- un feutre permanent (bleu foncé)
- des petits morceaux de tissus imprimés
- une paire de ciseaux cranteurs
- du raphia naturel
- une paire de ciseaux à bouts pointus
- une bande magnétique adhésive à découper
- de la colle thermofusible

Réalisation

- Reportez-vous à la technique en images en pages 6 et 7.
- Reportez le motif du pot de confiture avec le coloris de votre choix.
- Coloriez-le aux crayons de couleurs sur la face poncée de la feuille de plastique transparent.
- Découpez et procédez à la cuisson.
- Dessinez les étiquettes au feutre permanent bleu foncé sur la surface lisse de la feuille de plastique blanche, découpez-les et cuisez-les.
- Collez chaque étiquette sur la surface lisse de chaque pot.
- Positionnez un petit morceau de tissu sur la partie supérieure et maintenez-le avec un brin de raphia. Faites un joli nœud et coupezles bords du tissu avec la paire de ciseaux cranteurs.
- Découpez des petits morceaux dans la bande magnétique adhésive et collez-les au dos de chaque modèle (sur la face poncée).

Abricot

Prune

Rhubarbe

Modèles à taille réelle

Couleurs Utilisées

jaune pâle

jaune vif

orange

■ bleu foncé
(feutre permanent)

Couleurs Utilisées

violet

■ bleu foncé
(feutre permanent)

Couleurs Utilisées

vert vif

vert olive

vert foncé

■ bleu foncé
(feutre permanent)

Les Petits Pots de Confiture

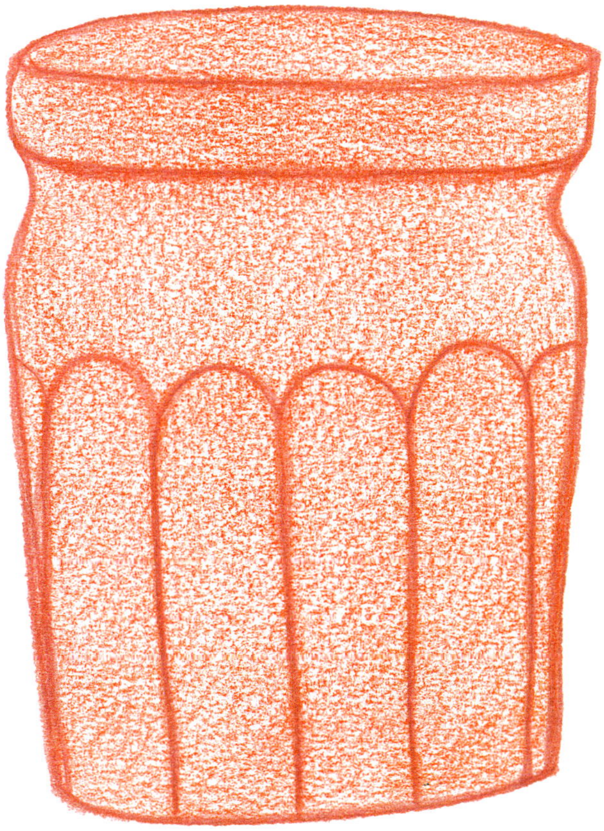

Cerise

Modèles à taille réelle

Couleurs Utilisées

vermillon

rouge

■ bleu foncé
(feutre permanent)

Les Petits Pots de Fleurs

Emporte-pièce

Fournitures Générales

- des feuilles de plastique transparent
- des crayons de couleurs
- une paire de ciseaux
- une bande magnétique adhésive à découper
- un emporte-pièce en forme de fleur
- de la colle thermofusible

Réalisation

- Reportez-vous à la technique en images en pages 6 et 7.
- Reportez le motif du pot de fleurs et coloriez-le aux crayons de couleurs sur la face poncée de la feuille de plastique transparent.
- Découpez et procédez à la cuisson.
- Découpez huit fleurs à l'aide de l'emporte-pièce. Coloriez-les sur la face poncée et cuisez-les.
- Disposez-les harmonieusement en vous aidant des photographies et collez-les .
- Découpez des petits morceaux dans la bande magnétique adhésive et collez-les au dos de chaque modèle (sur la face poncée).

Blanc

Modèles à taille réelle

Rose

Jaune

Couleurs Utilisées

- blanc
- jaune pâle
- jaune vif
- vert vif
- vert foncé
- beige
- marron clair
- marron foncé

Couleurs Utilisées

- rose
- fuchsia
- violine
- jaune vif
- vert vif
- vert foncé
- beige
- marron clair
- marron foncé

Couleurs Utilisées

- blanc
- vermillon
- jaune pâle
- jaune vif
- orange
- vert vif
- vert foncé
- beige
- marron clair
- marron foncé

Les Petits Pots de Fleurs

Bleu

*Modèle
à taille réelle*

Couleurs Utilisées

jaune pâle

jaune vif

bleu clair

turquoise

vert vif

vert foncé

beige

marron clair

marron foncé

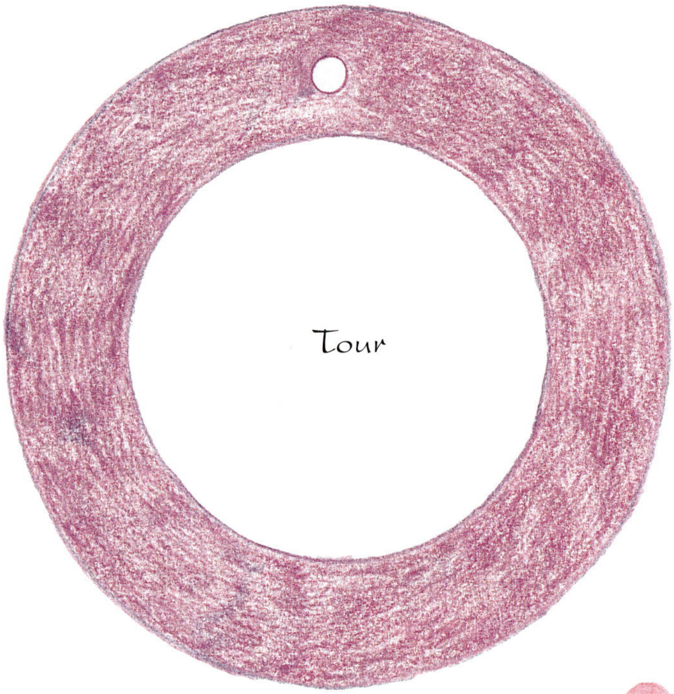

Les Porte-Clefs

Les Signes du Zodiaque

Fournitures Générales

- des feuilles de plastique transparentes
- des crayons de couleurs
- une paire de ciseaux
- des attaches pour porte-clefs avec anneau *(or)*
- une perforatrice
- de la colle thermofusible

Réalisation

- Reportez-vous à la technique en images en pages 6 et 7.
- Tracez, puis coloriez l'anneau et le motif choisi sur la face poncée de la feuille de plastique.
- Découpez et faites un trou dans l'anneau à l'aide de la perforatrice.
- Procédez à la cuisson.
- Collez le motif au centre de l'anneau.
- Montez l'attache du porte-clef en passant l'anneau dans la perforation.

Couleurs Utilisées

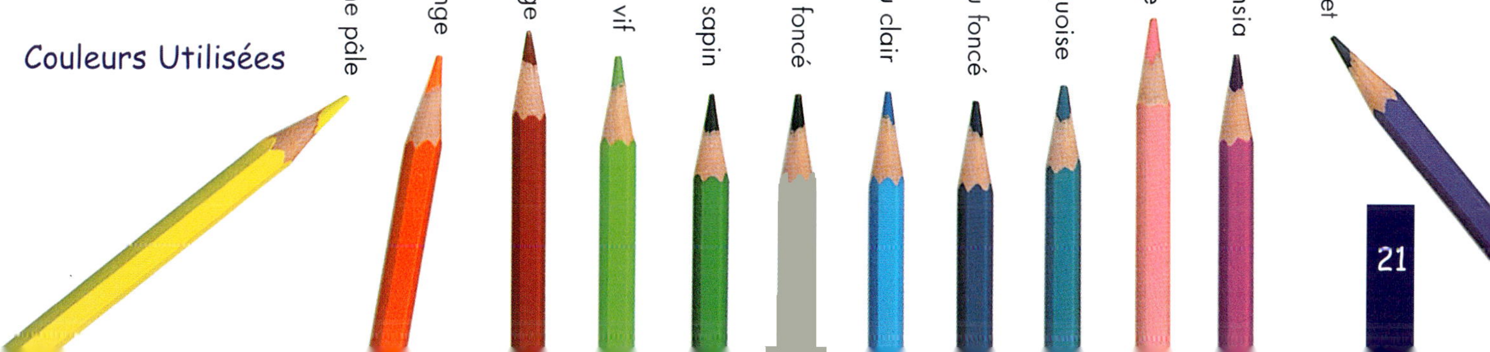

Les Signes du Zodiaque
(suite)

Les Petits Panneaux

Passage d'Animaux Sauvages

Projection de Gravillons

Endroits Fréquentés par les Enfants

Attention Travaux

Débouché de Cycliste ou de Cyclomotoriste

Vent Latéral

Débouché sur un Quai ou sur une Berge

Couleurs Utilisées

jaune vif

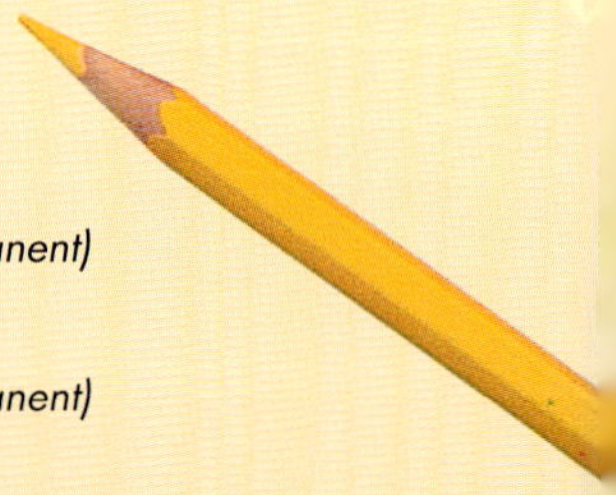

■ rouge
(feutre permanent)

■ noir
(feutre permanent)

Les Petits Panneaux

Fournitures Générales

- des feuilles de plastique transparentes pour les panneaux à fond jaune
- des feuilles de plastique blanches *(opaques)* pour les panneaux à fond blanc
- des feutres permanents *(rouge, noir)*
- un crayon de couleur *(jaune vif)*
- une paire de ciseaux
- des attaches pour porte-clefs avec anneau *(argent)*
- une perforatrice

Réalisation

- Reportez-vous à la technique en images en pages 6 et 7.
- Tracez la bordure du triangle au feutre permanent rouge, puis le motif de votre choix au feutre permanent noir sur la face lisse d'une feuille de plastique.
- Coloriez le fond des panneaux jaunes au crayon de couleur sur la face poncée.
- Découpez et perforez la pointe supérieure, puis procédez à la cuisson.
- Terminez en montant une attache.

Les Petits Cœurs et les Étoiles

Fournitures Générales

- des feuilles de plastique transparentes
- des crayons de couleurs
- une paire de ciseaux
- des attaches pour porte-clefs avec anneau *(or)*
- des anneaux en métal de Ø 6 mm *(or)*
- une perforatrice

Réalisation

- Reportez-vous à la technique en images en pages 6 et 7.
- Reportez le contour de la forme des motifs et coloriez-les sur la face poncée de la feuille de plastique.
- Découpez et perforez, puis procédez à la cuisson.
- Reliez les éléments avec les petits anneaux, puis terminez en montant une attache.

Modèles à taille réelle

Couleurs Utilisées

jaune vif

orange

fuchsia

violet

Les Bijoux et Accessoires de Mode

Les Chouchous

Fleur découpée à l'emporte-pièce

Fournitures Générales

- des feuilles de plastique transparentes
- une feuille de plastique blanche *(opaque)* pour le cœur blanc
- des crayons de couleurs
- une paire de ciseaux
- de la colle thermofusible
- des emporte-pièces
- des chouchous de couleurs différentes
- de la colle pailletée *(bleue, blanche, rose pâle, rose vif)*

Réalisation

- Reportez-vous à la technique en images en pages 6 et 7.
- Tracez le contour de la forme de chaque fleur et coloriez-les sur la face poncée (les petites fleurs sont découpées à l'emporte-pièce).
- Procédez à la cuisson.
- Passez de la colle pailletée sur les éléments de votre choix.
- Assemblez les petites fleurs (A) en les collant harmonieusement par un point de colle thermofusible.
- Terminez en fixant les fleurs sur les chouchous, par un point de colle thermofusible.

A

Fleur découpée à l'emporte-pièce

Couleurs Utilisées

blanc

jaune vif

bleu clair

bleu foncé

turquoise

vert vif

fuchsia

orange

A

Les Chouchous

Modèles
à taille réelle

Les Petits Boutons

Fournitures

- une feuille de plastique transparente
- des crayons de couleurs
- une paire de ciseaux
- un emporte-pièce
- une perforatrice

Emporte-pièce

Petite fleur prête à cuire.

Réalisation

- Découpez les fleurs à l'emporte-pièce.
- Coloriez-les sur la face poncée du plastique.
- Faites les petits trous à l'aide la perforatrice et procédez à la cuisson.

Couleurs Utilisées

jaune vif

orange

rouge

Les Ornements de Chaussures

Fournitures

- une feuille de plastique transparente
- des crayons de couleurs
- une paire de ciseaux
- de la colle thermofusible
- du raphia naturel

Réalisation

- Reportez-vous à la technique en images en pages 6 et 7.
- Tracez le contour de la forme de chaque fleur et coloriez-les sur la face poncée.
- Découpez, puis procédez à la cuisson.
- Confectionnez un joli nœud en raphia et collez-le directement sur la chaussure.
- Collez ensuite la fleur au centre du nœud.

Couleurs Utilisées

fuchsia

vert vif

violet

Modèle
à taille réelle

Le Papillon Bleu

Fournitures

- une feuille de plastique transparente
- des crayons de couleurs
- une paire de ciseaux
- un support de broche adhésif

Réalisation

- Reportez-vous à la technique en images en pages 6 et 7.
- Tracez le contour de la forme du papillon ainsi que les motifs des ailes et coloriez sur la face poncée.
- Découpez, puis procédez à la cuisson.
- Collez le support de broche au dos du papillon.

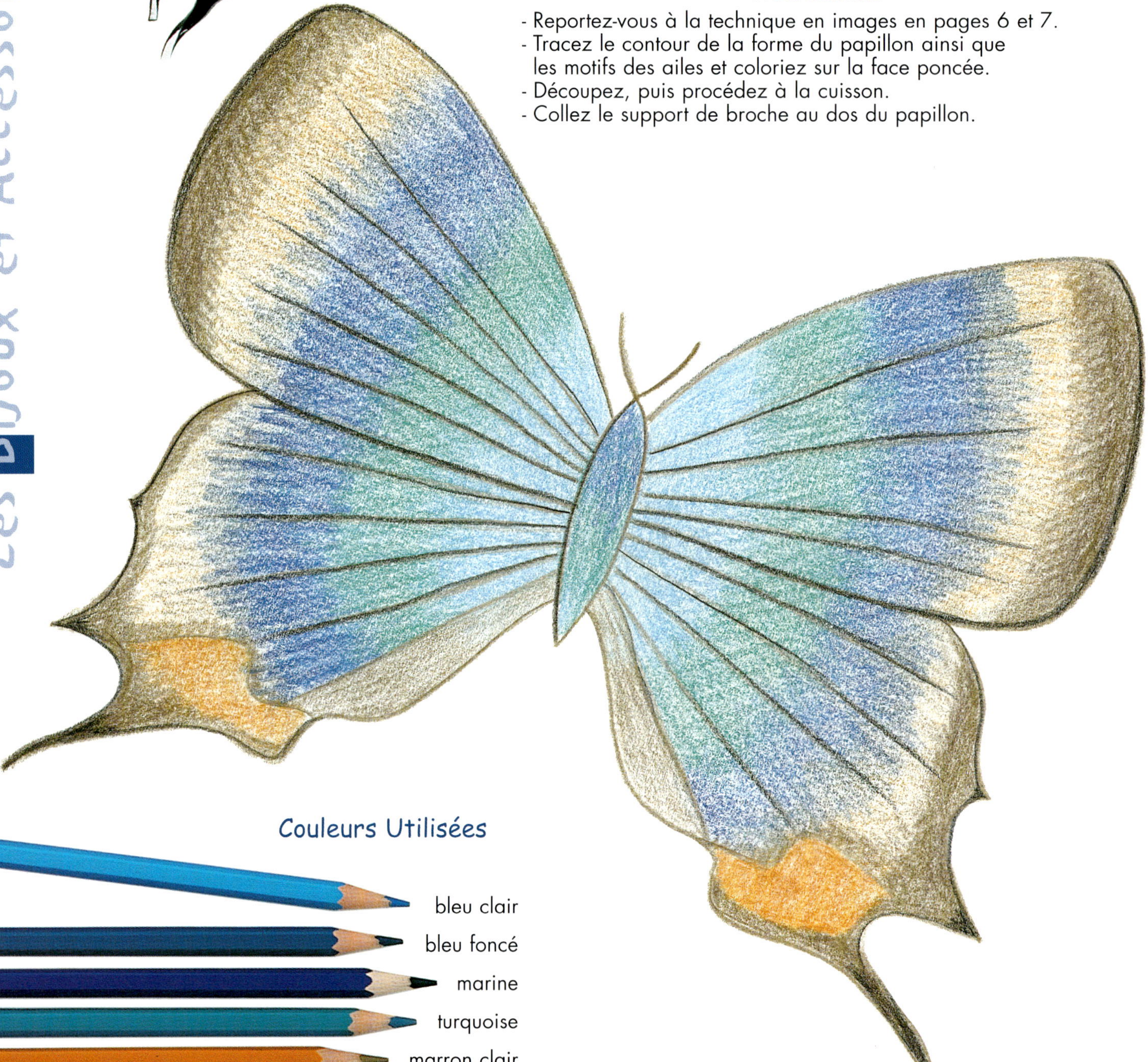

Couleurs Utilisées

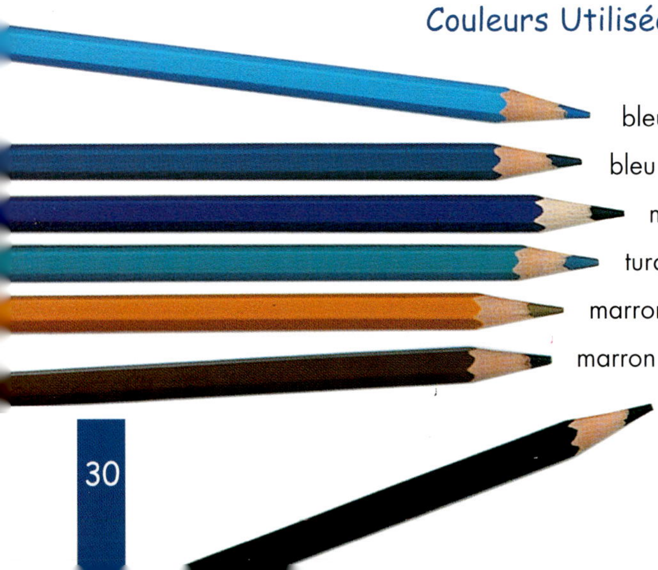

Le Papillon Vert

*Modèle
à taille réelle*

Fournitures

- une feuille de plastique transparente
- des crayons de couleurs
- une paire de ciseaux
- un support de broche adhésif

Réalisation

- Reportez-vous à la technique en images en pages 6 et 7.
- Tracez le contour de la forme du papillon ainsi que les motifs des ailes et coloriez sur la face poncée du plastique.
- Découpez délicatement, puis procédez à la cuisson.
- Appliquez le support de broche adhésif au dos du papillon.

Couleurs Utilisées

jaune vif
fuchsia
vert vif
violet
marron
marron foncé

Le Bracelet Tutti-Frutti

Fournitures

- des feuilles de plastique transparentes
- des crayons de couleurs
- une paire de ciseaux
- 9 anneaux de Ø 6 mm *(or)*
- un fermoir rond *(or)*
- une perforatrice

Réalisation

- Reportez-vous à la technique en images en pages 6 et 7.
- Tracez le contour de la forme des 8 fleurs et coloriez-les harmonieusement sur la face poncée des feuilles de plastique.
- Découpez-les, faites 2 trous opposés à l'aide de la perforatrice, puis procédez à la cuisson.
- Assemblez les fleurs avec les anneaux et montez le fermoir à une extrémité du bracelet.
- Vous pouvez adapter la longueur du bracelet à celle de votre tour de poignet en ajoutant ou en retirant des fleurs.

Couleurs Utilisées

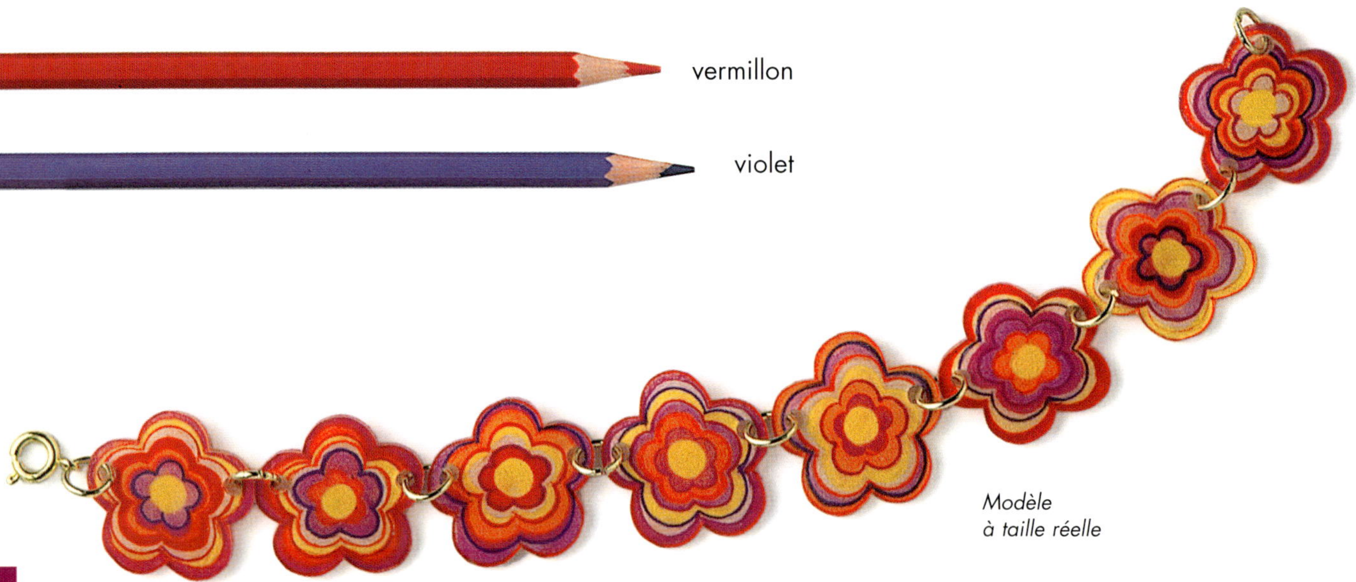

Modèle à taille réelle

Le Bracelet aux Fleurettes

Fournitures

- des feuilles de plastique transparentes
- des feuilles de plastique blanches *(opaques)*
- des crayons de couleurs
- une paire de ciseaux
- 7 anneaux de Ø 6 mm *(argent)*
- un fermoir à mousqueton *(argent)*
- un emporte-pièce en forme de fleur
- une perforatrice
- de la colle thermofusible

Emporte-pièce

Réalisation

- Reportez-vous à la technique en images en pages 6 et 7.
- Tracez le contour de la forme des 6 grandes fleurs et coloriez-les en vert sur la face poncée des feuilles de plastique transparentes.
- Découpez-les, faites 2 trous opposés à l'aide de la perforatrice.
- Tracez ensuite le contour de la forme des 6 fleurs moyennes sur l'envers des feuilles de plastique blanches *(opaques)*.
- Découpez enfin les 6 petites fleurs dans du plastique transparent à l'aide de l'emporte-pièce.
  Coloriez-les de différentes couleurs sur la face poncée du plastique.
- Procédez à la cuisson de toutes les formes.
- Assemblez les grandes fleurs vertes avec les anneaux et montez le fermoir à une extrémité du bracelet.
- Collez les fleurs moyennes au centre de chaque grande fleur verte, puis les petites fleurs de la même manière.
- Vous pouvez adapter la longueur du bracelet à celle de votre tour de poignet en ajoutant ou en retirant des fleurs.

Grande fleur

Fleur découpée à l'emporte-pièce

Fleur moyenne

Couleurs Utilisées

Modèle à taille réelle

Les Bracelets aux Oursons

Emporte-pièce

Fournitures Générales

- des feuilles de plastique transparentes
- une feuille de plastique blanche *(opaque)*
- des crayons de couleurs
- un feutre permanent *(noir)*
- une paire de ciseaux
- 8 anneaux de Ø 6 mm *(or)* pour chaque bracelet
- un fermoir rond *(or)* pour chaque bracelet
- une perforatrice
- un emporte-pièce en forme d'ourson
- de la colle thermofusible

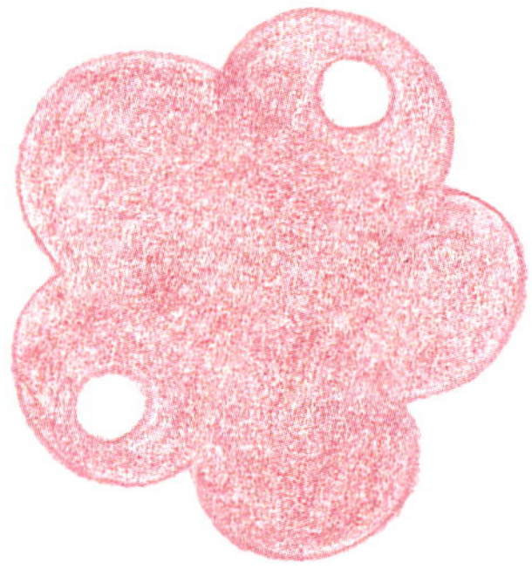

Réalisation du Bracelet A

- Reportez-vous à la technique en images en pages 6 et 7.
- Tracez le contour de la forme des 7 fleurs, coloriez-les harmonieusement sur la face poncée des feuilles de plastique transparent et découpez-les.
- À l'aide de l'emporte-pièce, évidez la forme d'un ourson au centre de trois fleurs.
- Découpez, à l'aide de l'emporte pièce, 4 oursons dans la feuille de plastique blanche *(opaque)*. Marquez les traits du visage au feutre permanent sur la face lisse.
- Faites 2 trous opposés à l'aide de la perforatrice sur chacune des fleurs, puis procédez à la cuisson des fleurs et des oursons.
- Assemblez les fleurs avec les anneaux et montez le fermoir à une extrémité du bracelet.
- Collez les oursons au centre des fleurs non évidées.
- Vous pouvez adapter la longueur du bracelet à celle de votre tour de poignet en ajoutant ou en retirant des éléments.

Réalisation du Bracelet B

- Reportez-vous à la technique en images en pages 6 et 7.
- Tracez le contour de la forme des 7 fleurs, coloriez-les harmonieusement sur la face poncée des feuilles de plastique transparent et découpez-les.
- Découpez aussi, à l'aide de l'emporte pièce, 7 oursons dans une feuille de plastique transparente. Coloriez-les sur la face poncée aux crayons de couleurs. Marquez les traits du visage au feutre permanent sur la face lisse.
- Faites deux trous opposés à l'aide de la perforatrice sur chacune des fleurs, puis procédez à la cuisson des fleurs et des oursons.
- Assemblez les fleurs avec les anneaux et montez le fermoir à une extrémité du bracelet.
- Collez les oursons au centre de chaque fleur.
- Vous pouvez adapter la longueur du bracelet à celle de votre tour de poignet en ajoutant ou en retirant des fleurs.

Couleurs Utilisées

jaune vif
orange
rose
vermillon
fuchsia
vert vif
bleu clair
violet

■ noir
(feutre permanent)

Découpez les oursons à l'aide de l'emporte-pièce.

A

Modèles à taille réelle

B

Le Bracelet aux Étoiles

Fournitures Générales

- des feuilles de plastique transparentes
- des crayons de couleurs
- une paire de ciseaux
- 8 anneaux de Ø 6 mm *(or)*
- un fermoir rond *(or)*
- une perforatrice

Réalisation

- Reportez-vous à la technique en images en pages 6 et 7.
- Tracez le contour de la forme des 7 étoiles, coloriez-les harmonieusement sur la face poncée des feuilles de plastique et découpez-les.
- Faites 2 trous opposés à l'aide de la perforatrice sur chacune des étoiles, puis procédez à la cuisson.
- Assemblez les étoiles avec les anneaux et montez le fermoir à une extrémité du bracelet.
- Vous pouvez adapter la longueur du bracelet à celle de votre tour de poignet en ajoutant ou en retirant des étoiles.

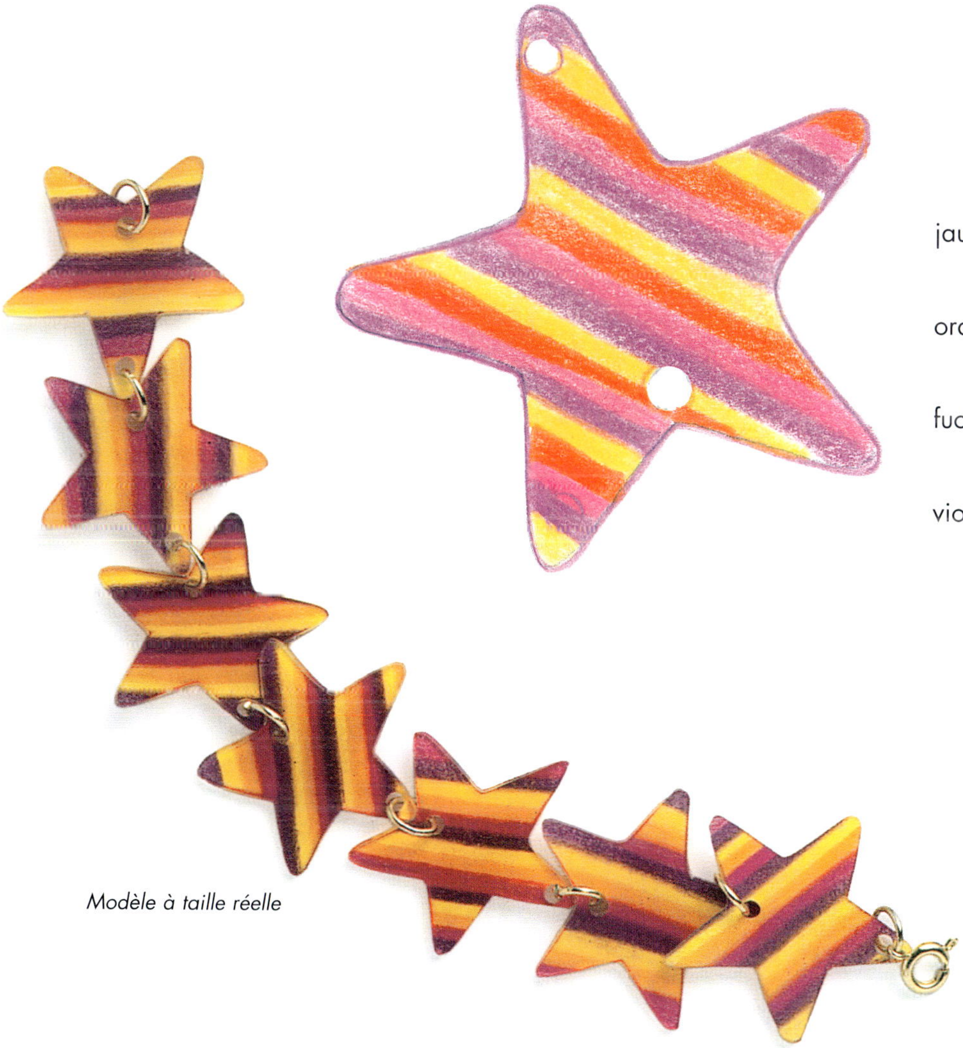

Modèle à taille réelle

Couleurs Utilisées

jaune vif

orange

fuchsia

violet

Les Décors de Table

Le Rond de Serviette aux Fleurettes

Fournitures

- une feuille de plastique transparente
- des crayons de couleurs
- une paire de ciseaux
- une perforatrice
- du raphia naturel
- un cylindre en carton *(support de papier essuie-tout)*
- de la colle thermofusible
- un emporte-pièce en forme de fleur

Emporte-pièce

Fleurette découpée à l'emporte-pièce et coloriée.

Couleurs Utilisées

rouge
vert vif
vert foncé
jaune pâle
jaune vif

Réalisation

- Reportez-vous à la technique en images en pages 6 et 7.
- Tracez le contour de la forme, coloriez-la en vert sur la face poncée de la feuille en plastique et découpez-la.
- Faites 2 trous à chaque extrémité à l'aide de la perforatrice.
- Procédez à la cuisson. À sa sortie du four, appliquez-le autour du cylindre en carton et maintenez-le quelques instants pour lui donner sa forme définitive.
- Découpez cinq fleurettes à l'aide de l'emporte-pièce.
- Coloriez-les de différentes couleurs sur la face poncée de la feuille en plastique et procédez à la cuisson.
- Disposez les fleurettes tout autour du rond de serviette et maintenez-les par quelques points de colle.
- Passez un brin de raphia dans les trous du rond de serviette, glissez une serviette dans le rond et faites un joli nœud.

Les Ronds de Serviettes aux Marguerites

Fournitures pour un Rond

- une feuille de plastique transparente
- des crayons de couleurs
- un feutre permanent *(noir)*
- une paire de ciseaux
- une perforatrice
- du raphia naturel
- un cylindre en carton *(support de papier essuie-tout)*

Couleurs Utilisées

blanc

jaune vif

rose

fuchsia

violet

■ noir
(feutre permanent)

Réalisation d'un Rond

- Reportez-vous à la technique en images en pages 6 et 7.
- Tracez le contour de la forme, coloriez-la sur la face poncée d'une feuille en plastique et découpez-la.
- Faites 2 trous à chaque extrémité à l'aide de la perforatrice.
- Procédez à la cuisson. À sa sortie du four, appliquez-le autour du cylindre en carton et maintenez-le quelques instants pour lui donner sa forme définitive *(voir photo en page ci-contre)*.
- Terminez en passant un brin de raphia dans les perforations et nouez autour d'une serviette par un joli nœud.

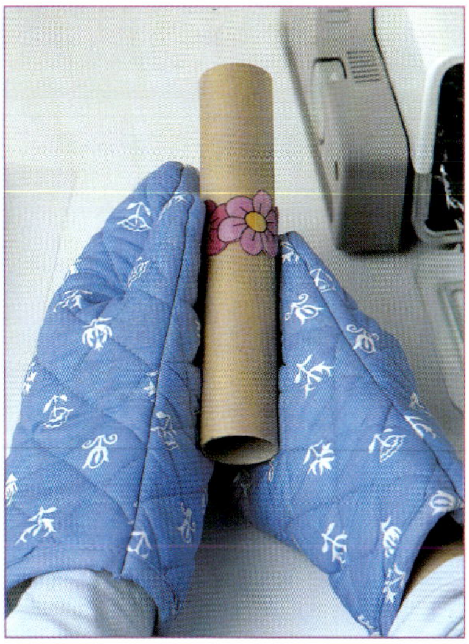

Marguerites

Suggestion de rond de serviette à une marguerite.

Le Rond de Serviette aux Framboises ou aux Mûres

Fournitures

- une feuille de plastique transparente
- des crayons de couleurs
- une paire de ciseaux
- une perforatrice
- du raphia naturel
- un cylindre en carton *(support de papier essuie-tout)*

Couleurs Utilisées

blanc

rose

fuchsia

violet

vert vif

vert olive

violine

Réalisation

- Reportez-vous à la technique en images en pages 6 et 7.
- Tracez le contour de la forme, coloriez-la sur la face poncée d'une feuille en plastique et découpez-la.
- Faites 2 trous à chaque extrémité à l'aide de la perforatrice.
- Procédez à la cuisson. À sa sortie du four, appliquez-le autour du cylindre en carton et maintenez-le quelques instants pour lui donner sa forme définitive.
- Terminez en passant un brin de raphia dans les perforations et nouez autour d'une serviette par un joli nœud.

Pour le rond de serviette aux mûres, procédez de la même manière que pour le rond de serviette aux framboises, mais en utilisant les couleurs indiquées.

Suggestion de rond de serviette avec motif de mûres.

Couleurs Utilisées pour les Mûres

Le Rond de Serviette à la Branche de Houx

Fournitures

- une feuille de plastique transparente
- des crayons de couleurs
- une paire de ciseaux
- une perforatrice
- du raphia naturel
- un cylindre en carton *(support de papier essuie-tout)*
- de la colle thermofusible

Couleurs Utilisées

blanc
vermillon
violine
rouge
vert vif
vert olive
beige
marron foncé
noir

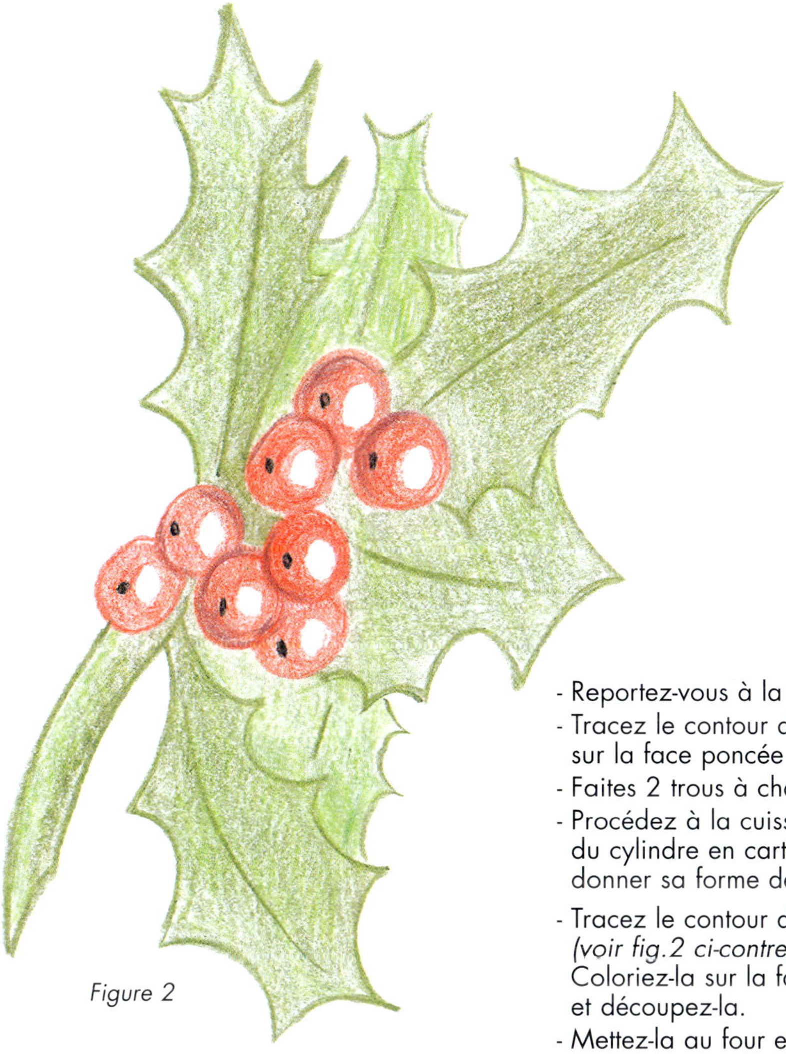

Figure 2

Réalisation

- Reportez-vous à la technique en images en pages 6 et 7.
- Tracez le contour de la tresse *(voir fig.1 ci-dessous)*, coloriez-la sur la face poncée d'une feuille en plastique et découpez-la.
- Faites 2 trous à chaque extrémité à l'aide de la perforatrice.
- Procédez à la cuisson. À sa sortie du four, appliquez-le autour du cylindre en carton et maintenez-le quelques instants pour lui donner sa forme définitive.

- Tracez le contour de la forme de la branche de houx *(voir fig.2 ci-contre)*.
  Coloriez-la sur la face poncée d'une feuille en plastique et découpez-la.
- Mettez-la au four et sortez-la avant la fin de la cuisson pour lui garder une forme particulière.
- Collez la branche sur le rond de serviette.
- Terminez en passant un brin de raphia dans les perforations et nouez autour d'une serviette par un joli nœud.

Figure 1

Le Rond de Serviette Tricolore

Fournitures

- une feuille de plastique transparente
- des crayons de couleurs
- une paire de ciseaux
- une perforatrice
- du raphia naturel
- un cylindre en carton *(support de papier essuie-tout)*

Réalisation

- Reportez-vous à la technique en images en pages 6 et 7.
- Tracez le contour de la forme *(voir fig. 1)*, coloriez-la sur la face poncée d'une feuille en plastique et découpez-la.
- Faites 2 trous à chaque extrémité à l'aide de la perforatrice.
- Procédez à la cuisson. À sa sortie du four, appliquez-le autour du cylindre en carton et maintenez-le quelques instants pour lui donner sa forme définitive.
- Terminez en passant un brin de raphia dans les perforations et nouez autour d'une serviette par un joli nœud.

Couleurs Utilisées

Le Rond de Serviette aux Petits Cœurs

Fournitures

- une feuille de plastique transparente
- un crayon de couleur *(rouge)*
- une paire de ciseaux
- une perforatrice
- du raphia naturel
- un cylindre en carton *(support de papier essuie-tout)*

Réalisation

- Reportez-vous à la technique en images en pages 6 et 7.
- Tracez le contour de la forme *(voir fig. 2)*, coloriez-la en rouge sur la face poncée d'une feuille en plastique et découpez-la.
- Continuez de la même manière que pour « le rond de serviette tricolore ».

Couleur Utilisée

Figure 2

Figure 1

La Boîte à Dragées au Tournesol

Fournitures

- une feuille de plastique transparente
- des crayons de couleurs
- une paire de ciseaux
- une perforatrice
- du raphia naturel
- une boîte à dragées carrée de 9,5cm de côté *(jaune)*

Réalisation

- Reportez-vous à la technique en images en pages 6 et 7.
- Tracez le contour de la forme du tournesol, coloriez-la sur la face poncée de la feuille en plastique et découpez-la.
- Faites un trou à l'extrémité d'un des pétales à l'aide de la perforatrice.
- Procédez à la cuisson.
- Terminez en passant un brin de raphia dans la perforation et autour de la boîte.
  Fermez par un joli nœud.

Couleurs Utilisées

vert vif

vert olive

vert sapin

vert foncé

jaune pâle

jaune vif

orange

marron

marron foncé

Les Sachets Cœurs à Dragées

Fournitures pour un sachet

- une feuille de plastique transparente
- des crayons de couleurs
- une paire de ciseaux
- une perforatrice
- du raphia naturel
- un sachet à dragées en forme de cœur de 8 cm de haut *(écru)*
- une feuille de papier-calque et un feutre noir

Figure 1

Figure 2

Figure 3

Réalisation d'un sachet

- Reportez-vous à la technique en images en pages 6 et 7.
- Tracez le contour de la forme de la fleur sur la face poncée de la feuille en plastique et découpez-la.
- Faites un trou à l'extrémité d'un des pétales à l'aide de la perforatrice.
- Sur la feuille de papier-calque inscrivez, au feutre, le prénom de votre choix *(fig.1)*.
- Retournez la feuille de papier-calque, le prénom se trouve à l'envers *(fig.2)*.
- Posez la forme de la fleur sur le prénom en le centrant à l'intérieur de celle-ci.
- Reportez ce prénom (à l'envers) sur la forme de la fleur en plastique avec un crayon de couleur foncée *(fig.3)*.
- Coloriez ensuite la surface de la fleur avec un crayon de couleur claire.
- Procédez à la cuisson.
- Terminez en passant un brin de raphia dans la perforation de la fleur et dans celle de la boîte.
  Fermez par un joli nœud.

Couleurs Utilisées

rose

fuchsia

bleu clair

bleu foncé

Les Décorations de Noël

Les Sapins

Fournitures

- une feuille de plastique transparente
- des crayons de couleurs
- une paire de ciseaux
- une perforatrice
- du raphia naturel
- de la colle thermofusible
- un emporte-pièce en forme d'étoile
- de la colle pailletée *(verte)*

Emporte-pièce

Modèle à taille réelle

A

Réalisation

- Reportez-vous à la technique en images en pages 6 et 7.
- Tracez le contour de la forme du sapin, coloriez-la sur la face poncée de la feuille en plastique et découpez-la.
- Faites un trou au niveau de la cime à l'aide de la perforatrice et procédez à la cuisson.

- Pour le sapin (A), découpez dix étoiles à l'aide de l'emporte-pièce.
- Coloriez-les de différentes couleurs sur la face poncée de la feuille en plastique et procédez à la cuisson.
- Disposez harmonieusement les étoiles sur le sapin et maintenez-les par quelques points de colle.

- Pour le sapin (B), passez de la colle pailletée sur la face poncée.
- Terminez en passant un brin de raphia dans la perforation de chaque sapin. Nouez ce brin, pour former l'attache de suspension.

Couleurs Utilisées

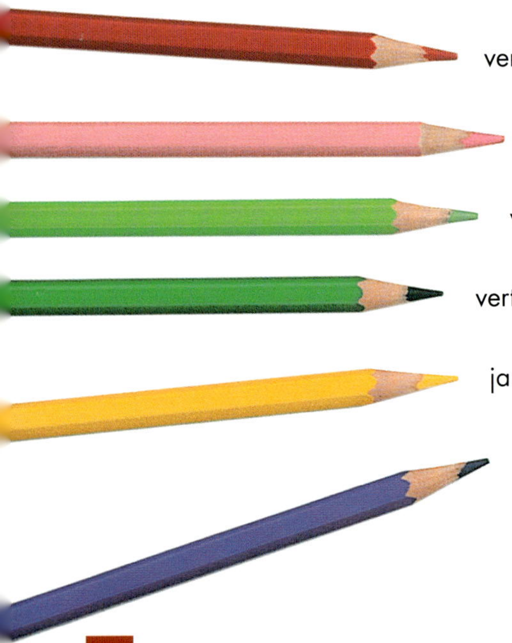

vermillon

rose

vert vif

vert sapin

jaune vif

violet

Modèle à taille réelle

B

Étoiles découpées
à l'emporte-pièce et coloriées
(prêtes à la cuisson).

Suggestion d'une autre forme
de sapin.

La Couronne

Fournitures

- une feuille de plastique transparente
- des crayons de couleurs
- une paire de ciseaux
- une perforatrice
- du raphia naturel
- de la colle thermofusible

Couleurs Utilisées

blanc
vermillon
violine

Réalisation

- Reportez-vous à la technique en images en pages 6 et 7.
- Tracez le contour de la forme de la couronne, coloriez-la sur la face poncée de la feuille en plastique et découpez-la.
- Faites un trou à l'aide de la perforatrice et procédez à la cuisson.
- Tracez le contour du motif de la branche de houx *(voir en page 42 Le Rond de serviette à la branche de houx)*, coloriez-le et découpez-le. Mettez-le au four et sortez-le avant la fin de la cuisson pour lui garder une forme particulière.
- Passez un brin de raphia dans la perforation de la couronne et nouez-le pour former l'attache de suspension.
- Fixez la feuille de houx par un point de colle au niveau de l'attache.

rouge
vert vif
vert olive
beige
marron foncé
noir

Modèle à taille réelle

Modèle à taille réelle

Le Paquet Cadeau

Fournitures

- une feuille de plastique transparente
- des crayons de couleurs
- une paire de ciseaux
- une perforatrice
- du raphia naturel
- de la colle thermofusible

Réalisation

- Reportez-vous à la technique en images en pages 6 et 7.
- Tracez le contour de la forme du paquet *(voir fig.1 en page 54)*, coloriez-la sur la face poncée de la feuille en plastique. Découpez-la et procédez à la cuisson.
- Tracez le contour du motif de la cocarde *(voir fig.2 en page 54)*. Coloriez-la et découpez-la.
- Faites un trou à l'aide de la perforatrice et procédez à la cuisson.
- Passez un brin de raphia dans la perforation et nouez-le pour former l'attache de suspension.
- Fixez la cocarde par un point de colle sur le paquet.
- Confectionnez un petit nœud en raphia et collez-le.

Couleurs Utilisées

vermillon
rouge
vert vif
vert olive

Les Oursons

Modèles à taille réelle

Couleurs Utilisées

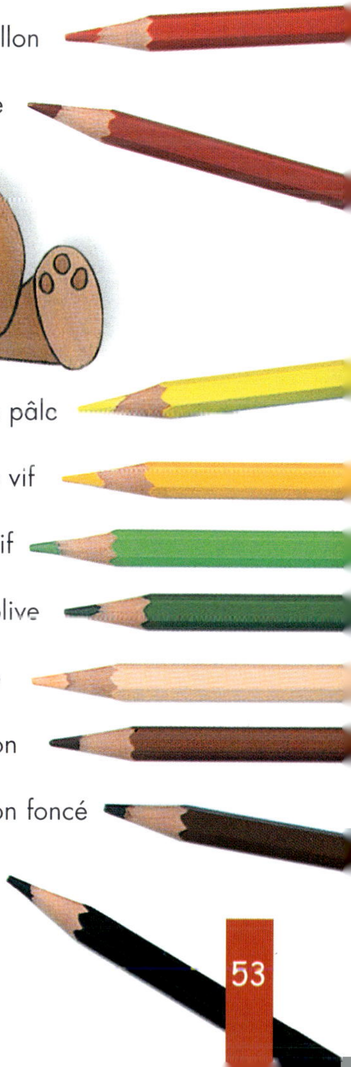

vermillon
rouge
jaune pâle
jaune vif
vert vif
vert olive
beige
marron
marron foncé
noir

Fournitures

- une feuille de plastique transparente
- des crayons de couleurs
- une paire de ciseaux
- une perforatrice
- du raphia naturel

Réalisation

- Reportez-vous à la technique en images en pages 6 et 7.
- Tracez le contour de la forme de chaque ourson *(voir fig.3 en page 55)*, coloriez-la sur la face poncée de la feuille en plastique et découpez-la.
- Faites un trou à l'aide de la perforatrice et procédez à la cuisson.
- Passez un brin de raphia dans les perforations et nouez-les pour former les attaches de suspension.

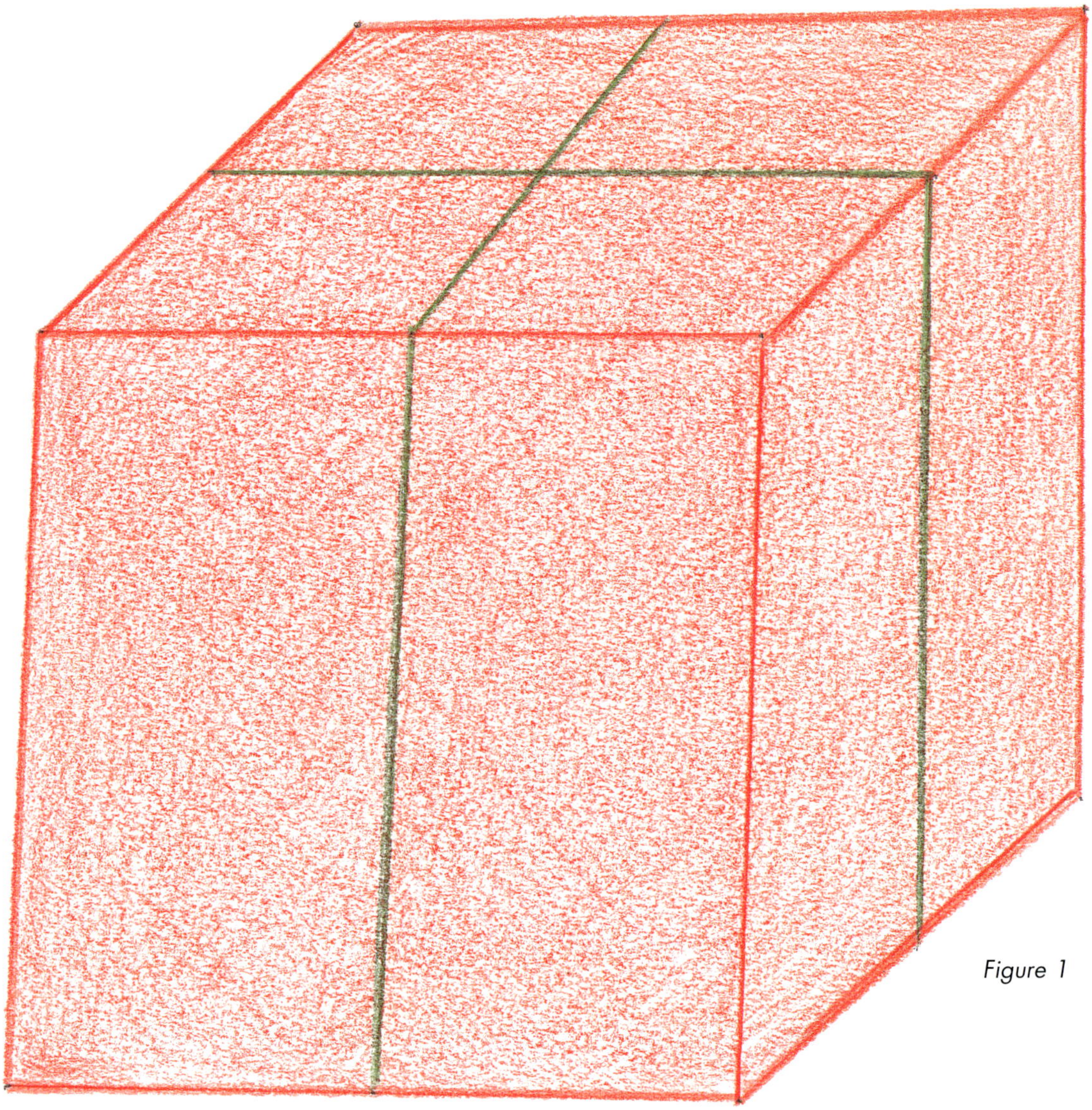

Figure 1

Le Paquet Cadeau

Figure 2

Cocarde

Figure 3

Ourson

Figure 4

Figure 5

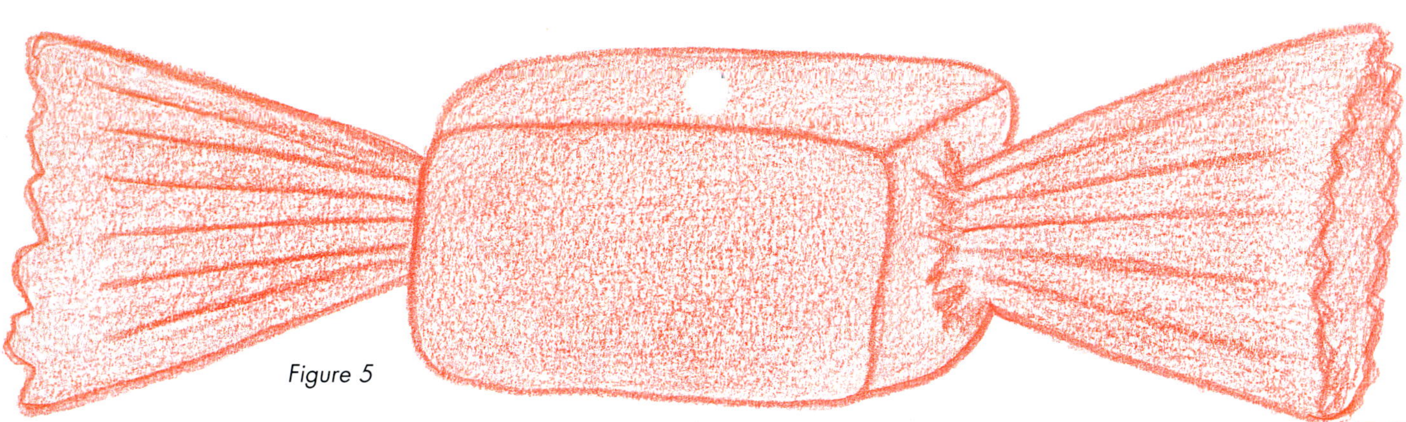

Bonbons

Les Bonbons

Fournitures

- des feuilles de plastique transparentes
- des crayons de couleurs
- une paire de ciseaux
- une perforatrice
- du raphia naturel
- de la colle pailletée *(jaune, verte, rose)*

Couleurs Utilisées

Réalisation

- Reportez-vous à la technique en images en pages 6 et 7.
- Tracez le contour de la forme de chaque bonbon, *(voir fig. 4 et 5 en page 55)*, coloriez sur la face poncée de la feuille en plastique et découpez.
- Faites les trous à l'aide de la perforatrice au gré de votre fantaisie et procédez à la cuisson.
- Passez de la colle pailletée sur la face poncée des papillottes.
- Passez des brins de raphia dans les perforations et nouez-les pour former les attaches de suspension.

Modèle à taille réelle

Les Anges

Fournitures

- des feuilles de plastique transparentes
- des crayons de couleurs
- une paire de ciseaux
- du raphia naturel
- de la colle thermofusible
- de la colle pailletée *(blanche)*

Réalisation

- Reportez-vous à la technique en images en pages 6 et 7.
- Tracez le contour de la forme de l'ange, coloriez-le sur la face poncée de la feuille en plastique et découpez-le.
- Tracez ensuite le contour de la forme des ailes, découpez-les et procédez à la cuisson.
- Passez de la colle pailletée sur la face poncée des ailes et fixez-les par un point de colle au dos de l'ange.
- Passez un brin de raphia dans l'auréole et nouez-le pour former l'attache de suspension.

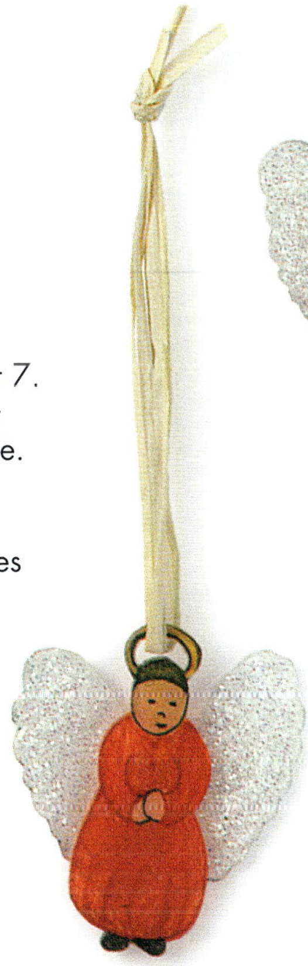

Modèles à taille réelle

Couleurs Utilisées

vermillon

rouge

vert olive

jaune vif

marron

boigo

Les Bottes

Modèles à taille réelle

Fournitures

- des feuilles de plastique transparentes
- des crayons de couleurs
- une paire de ciseaux
- une perforatrice
- du raphia naturel
- de la colle thermofusible
- de la colle pailletée *(verte, jaune, rose)*
- un emporte-pièce en forme d'étoile

Réalisation

- Reportez-vous à la technique en images en pages 6 et 7.
- Tracez le contour de la forme de la botte, coloriez-la sur la face poncée de la feuille en plastique et découpez-la.
- Tracez ensuite le contour de la forme du revers, coloriez-le sur la face poncée de la feuille en plastique et découpez-le.
- À l'aide de l'emporte-pièce, découpez trois étoiles et coloriez-les.
- Procédez à la cuisson de toutes les pièces (botte, revers, étoile).
- Passez un brin de raphia dans la perforation de la botte et nouez-le pour former l'attache de suspension.
- Passez de la colle pailletée sur la face poncée des étoiles et fixez-les par un point de colle sur le revers.
- Collez ce revers étoilé sur le haut de la botte.

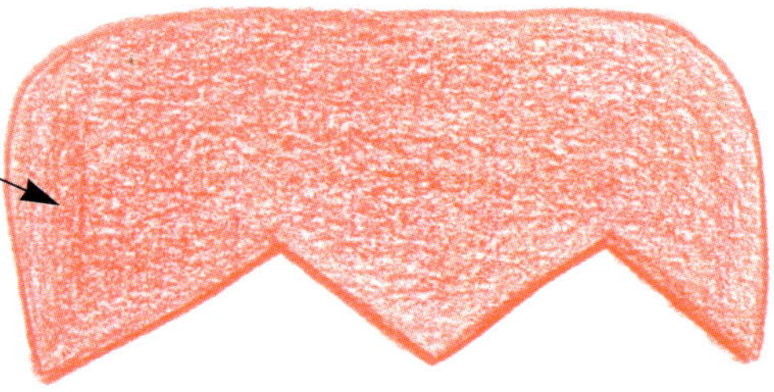

Revers

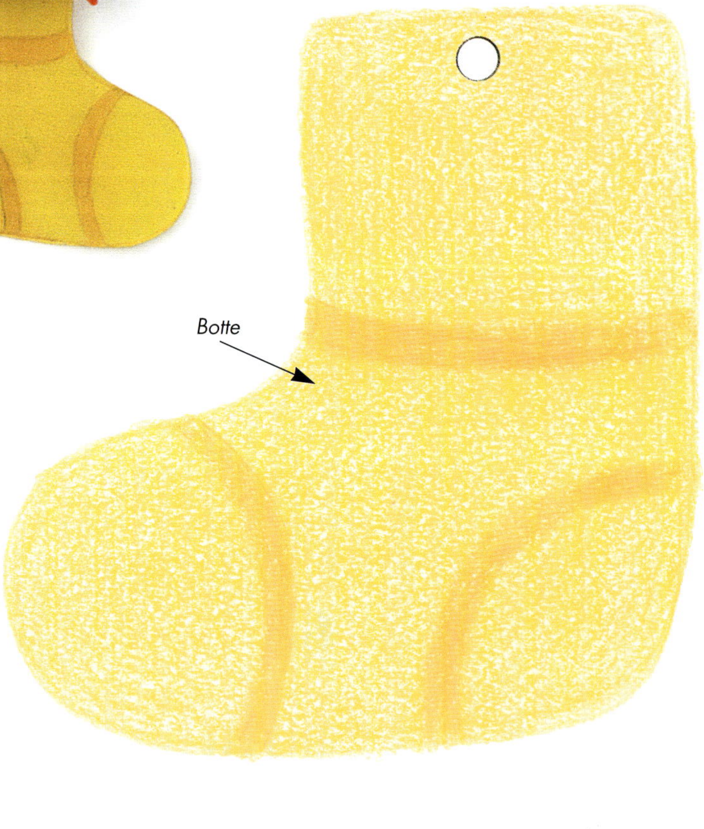

Botte

Couleurs Utilisées

- vermillon
- vert foncé
- vert vif
- jaune vif
- jaune pâle
- beige
- violet
- rose pâle

Étoiles découpées à l'emporte-pièce et coloriées (prêtes à la cuisson).

Les Étoiles

Fournitures

- des feuilles de plastique transparentes
- une feuille de plastique blanche *(opaque)*
- des crayons de couleurs
- une paire de ciseaux
- une perforatrice
- du raphia naturel
- de la colle pailletée *(verte, jaune, rose, blanche)*

Couleurs Utilisées

vermillon

vert vif

jaune vif

Réalisation

- Reportez-vous à la technique en images en pages 6 et 7.
- Tracez les contours de la forme de l'étoile, coloriez-la sur la face poncée de la feuille en plastique transparente, découpez-la et évidez-la.
- Procédez à la cuisson.
- Passez de la colle pailletée sur la face poncée.
- Passez un brin de raphia dans la perforation de l'étoile et nouez-le pour former l'attache de suspension.
- L'étoile blanche présentée (en haut de page) est réalisée dans la feuille de plastique blanche *(opaque)* et n'est pas coloriée. Vous pouvez la laisser évidée ou l'agrémenter en collant une photo de votre choix.

Modèle à taille réelle

La Couronne de l'Avent

Fournitures

- une couronne en paille de Ø 20 cm
- des feuilles de plastique transparentes
- des crayons de couleurs
- une paire de ciseaux
- de la colle thermofusible

Réalisation

- Reportez-vous à la technique en images en pages 6 et 7.
- Tracez 9 fois le contour des formes A, B, 8 fois le contour de la forme C et 3 fois le contour de la forme D.
  Coloriez-les sur la face poncée des feuilles en plastique et découpez-les.
- Procédez à la cuisson des pièces A et B, en prenant soin de les retirer avant la fin du temps de cuisson afin qu'elles gardent une forme particulière.
- Faites cuire normalement les pièces C et D.
- Assemblez et collez les feuilles de houx et les feuilles de gui, par trois, sur la couronne *(voir photographie).*
- Collez les baies C et D au centre de chaque groupe de feuilles.

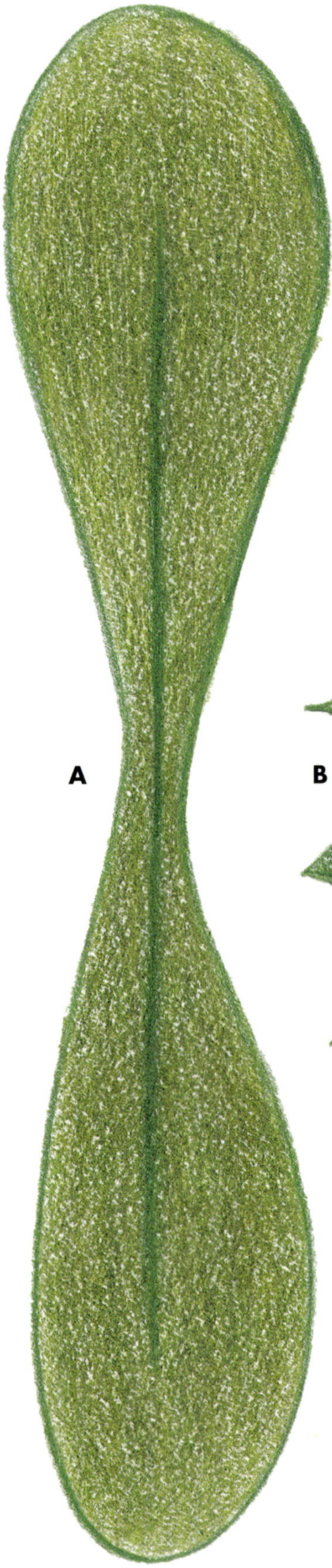

A

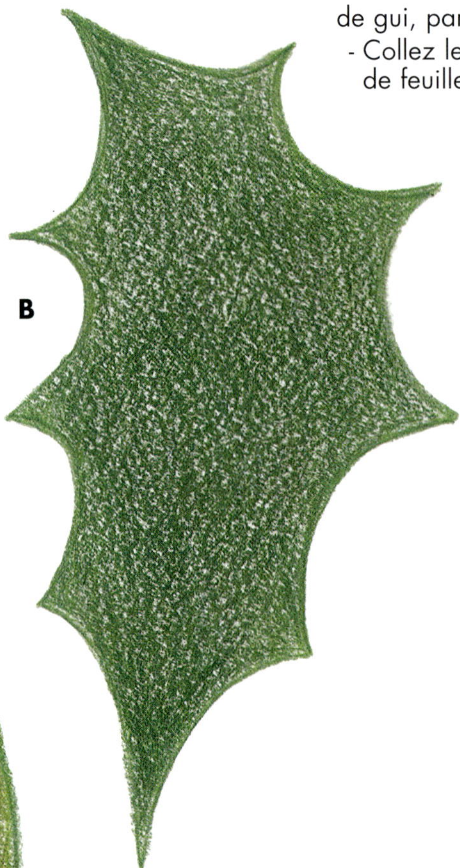

B

Couleurs Utilisées

blanc
vermillon
rouge
vert foncé
vert olive
beige
noir

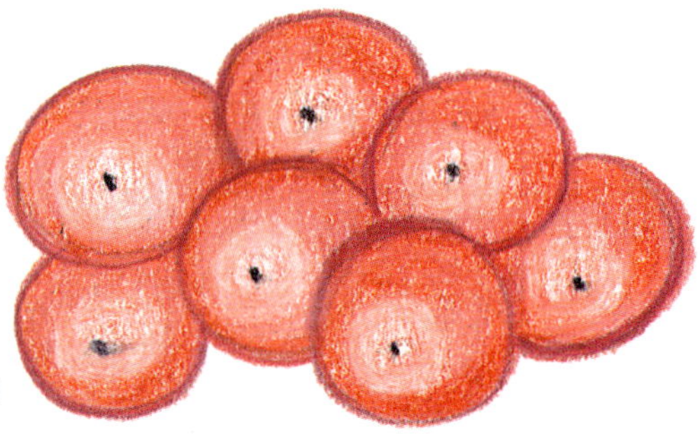

D

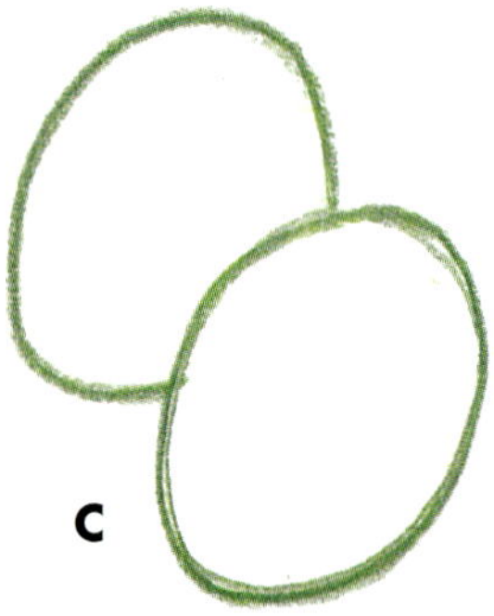

C

Table des matières